CRÉATION DU DÉPARTEMENT

DE LA

SEINE-MARITIME

HÂVRE
IMPRIMERIE DU JOURNAL *LE HAVRE* (F. SANTALLIER, IMPRIMEUR)
162, BOULEVARD DE STRASBOURG, 162
1881

FIN D'UNE SERIE DE DOCUMENTS
EN COULEUR

CRÉATION DU DÉPARTEMENT

DE LA

SEINE-MARITIME

HAVRE
IMPRIMERIE DU JOURNAL *LE HAVRE* (F. SANTALLIER, IMPRIMEUR)
162, BOULEVARD DE STRASBOURG, 162

1881

Dans sa séance du 8 Mars 1881, le Comité d'initiative pour la création du Département de la Seine-Maritime a donné son entière approbation au travail présenté par M. Félix Faure, en réponse aux documents produits par la Ligue départementale contre le morcellement de la Seine-Inférieure. Il en vote à l'unanimité l'impression, la publication, et l'envoi aux pouvoirs publics.

Le Président,

J. HEUZEY,

Vice-Président de la Chambre de Commerce.

CRÉATION DU DÉPARTEMENT DE LA SEINE-MARITIME

A MONSIEUR LE PRÉSIDENT DE LA RÉPUBLIQUE,
A MESSIEURS LES MINISTRES,
A MESSIEURS LES SÉNATEURS,
A MESSIEURS LES DÉPUTÉS.

MESSIEURS,

Depuis que nous avons eu l'honneur de vous adresser le Mémoire établissant les raisons d'ordre supérieur et d'intérêt général qui rendent nécessaire la création du département de la Seine-Maritime, il s'est formé à Rouen, sous le nom de *Ligue départementale contre le morcellement de la Seine-Inférieure*, un Comité qui s'est donné pour mission de s'opposer au projet que nous poursuivons.

Jusqu'à présent, ce comité qui existe depuis plusieurs mois, n'a exposé que dans un seul document qui vous a été adressé, les raisons sur lesquelles il base son opposition. Ce document ne discute que de mesquines questions locales, mal fondées du reste, et passe sous silence le côté véritablement sérieux du projet, c'est-à-dire le bénéfice considérable que les grands intérêts généraux du Pays sont appelés à retirer de la mesure que nous réclamons.

Pour ne laisser aucun doute dans votre esprit, Messieurs, nous rétablirons la vérité des faits avancés par nos contradicteurs de Rouen, et nous entendons prouver que les arguments dont ils se servent n'ont aucune valeur dans la cause.

Les auteurs du Mémoire rouennais prétendent d'abord que la création du département de la Seine-Maritime est seulement demandée par *quelques havrais.* A ce sujet, il nous suffit de rappeler que la pétition que nous avons eu l'honneur de remettre au gouvernement, pétition réclamant l'autonomie administrative de notre arrondissement, est signée par 15,000 citoyens du Havre sur 17,000 électeurs.

De plus, le commerce et l'industrie de Paris, parfaitement indépendants dans la rivalité qui peut exister entre Rouen et le Havre, n'hésitent pas à se prononcer pour la création du nouveau département.

Parmi les nombreuses délibérations des Chambres syndicales de Paris, nous relevons celle toute récente de la Chambre syndicale des négociants-commissionnaires, ainsi conçue :

« Les rapporteurs de la commission spéciale char-
« gée d'étudier le projet de la création du département
« de la Seine-Maritime, chef-lieu le Havre, demandent

« que la Chambre syndicale des négociants-commis-
« sionnaires, par un vote unanime, approuve ce projet
« et qu'elle nomme une commission composée de son
« président, d'un de ses vice-présidents et de deux de
« ses membres, à l'effet de porter la question devant le
« gouvernement et d'appuyer la revendication du
« Havre, qui, affranchi de la prépondérance adminis-
« trative de Rouen, pourra prendre son essor, ressaisir
« son rang d'autrefois, lutter avec ses rivaux, les ports
« étrangers, ramener le transit qui lui échappe, et
« maintenir haut et ferme le pavillon de l'industrie, de
« la marine et du commerce français. »

Ces conclusions ont été votées à l'unanimité, et la commission nommée se compose de M. J. Savoy, président de la Chambre syndicale des négociants-commissionnaires, juge au Tribunal de commerce de la Seine ; de M. Laferrière, vice-président de la Chambre syndicale des négociants-commissionnaires, vice-président du Syndicat général des Chambres de Paris, juge au Tribunal de commerce de la Seine ; de MM. Lourdelet, secrétaire de la Chambre syndicale, et d'Oliveira, membre, tous deux rapporteurs.

(*Délibéré en séance le* 10 *Janvier* 1881.)

Le Syndicat général, composé des Présidents, Vice-présidents, Secrétaires et Trésoriers de toutes les Chambres syndicales du commerce et de l'industrie de Paris, réuni sous la présidence de M. Dehaynin, a, dans la séance du 15 Décembre 1880, voté la résolution suivante :

« Considérant que les ports de commerce sont des « outils indispensables au développement de la richesse « publique ;

« Que le pays s'impose des sacrifices sérieux pour « les développer, et qu'il faut faire produire à ces sacri- « fices les résultats qu'on est en droit d'en attendre.

« Considérant que le port du Havre est le port de « Paris, le seul pouvant concurrencer les ports anglais, « belge et allemands, le seul possédant des lignes « régulières de steamers transatlantiqnes vers l'Amé- « rique du nord ;

« Que de son développement dépendent l'approvi- « sionnement plus large des industries nationales, la « plus grande facilité d'exportation, etc.

« Considérant que les ports étrangers, vis-à-vis « desquels le port du Havre doit lutter dans l'intérêt « national, notamment : Anvers, Brême et Hambourg, « jouissent de leur autonomie administrative ;

« Que c'est à cette autonomie qu'ils doivent en « grande partie la prépondérance qu'ils ont prise « depuis dix ans dans le transit européen ;

« Considérant qu'il est prouvé que la situation du « Havre, vis-à-vis du chef-lieu du département de la « Seine-Inférieure, place ce port dans un état indis- « cutable d'infériorité en regard des ports étran- « gers ;

« Qu'elle nuit à la rapidité dans l'expédition des « affaires ;

« Que la différence d'intérêts entre Rouen et le « Havre est évidente ;

« Considérant que, tel qu'il se manifeste, l'antagonisme économique de ces deux grandes villes est « de nature à nuire aux intérêts généraux du pays ;

« Considérant que l'importance indiscutable du « Havre, les grands intérêts qu'il représente, la place « qu'il tient dans les transactions internationales, « l'autorité dont il jouit déjà chez les nations étrangères « qui y accréditent leurs consuls de première classe, « prouvent jusqu'à l'évidence que le Havre devra prochainement être élevé au rang de chef-lieu de département ;

« Vu le mémoire adressé par le Conseil municipal « et la Chambre de commerce du Havre aux pouvoirs « publics ;

« Vu les documents publiés par M. Félix Faure, « membre de la Chambre de commerce du Havre ;

« Le Syndicat général émet le vœu :

« Que l'arrondissement du Havre soit distrait du « département de la Seine-Inférieure et érigé en département, sous le nom de département de la Seine-Maritime, dont le Havre sera le chef-lieu. »

Ces décisions prises en toute indépendance par des hommes de travail et d'étude, qui n'ont en vue que l'intérêt général du pays, le développement de son commerce et de sa richesse, nous dispensent de plus longs développements sur l'accueil que trouve dans le pays le projet dont la population du Havre a pris l'initiative. Vous avez déjà pu apprécier, Messieurs, avec quelle unanimité la presse parisienne s'est prononcée en sa faveur, et nous n'hésitons pas à affirmer que de tous les points de la France nous recevons les marques les plus formelles et les plus sincères de la sympathie qu'il rencontre.

On prétend que les populations de notre arrondissement sont opposées à la création du nouveau département. Ce n'est pas exact. Que quelques personnalités, guidées par des intérêts particuliers et craignant de perdre l'influence qu'elles y ont encore, fassent tous leurs efforts pour éloigner de l'arrondissement du Havre un Préfet républicain, nous le savons de reste; mais malgré les pressantes sollicitations des autorités rouennaises, qui n'ont, dans notre arrondissement, d'autres alliés que les adversaires déclarés du Gouvernement, nos communes ne se sont pas prononcées.

Lorsque, après avoir étudié successivement tous les éléments de la cause, nos corps élus seront officiellement consultés, ils donneront leur avis motivé. Ils se prononceront alors librement et sans pression, comme doivent le faire les mandataires de citoyens indépendants, soucieux de leur dignité et de l'avenir de leur pays.

Chaque jour nous recevons de nos concitoyens des communes suburbaines les preuves les plus évidentes de l'intérêt qu'ils portent à cette question si importante pour eux ; mais nous jugeons inutile d'afficher, dès à présent, ces adhésions sympathiques, qui auront à se produire avec autorité lorsque le moment sera venu.

Le Mémoire rouennais avance que le nouveau département sera sans tradition et sans histoire. Bien que ce soit là un argument peu appréciable dans l'espèce, nous tenons cependant à répondre que les vieilles Chartes de François Ier, de Henri IV, de Louis XV, en même temps qu'elles rappellent la lutte incessante de Rouen contre le Havre, livrent à l'histoire des preuves nombreuses du patriotisme des habitants du Havre lorsqu'il s'est agi de la défense de la patrie. Nous pourrions invoquer de plus récents documents.... nous ne le voulons point.... ceux que nous visons suffisent pour montrer une fois de plus, s'il est nécessaire, les sacrifices faits par le Havre pour sauvegarder le territoire national, lors des guerres avec l'Angleterre, et combien peu la vieille capitale de la Normandie lui en a su gré.

Il est inutile de venir affirmer à nouveau la rivalité qui, de tout temps, a existé entre Rouen et le Havre ; nous ne voulons pas répéter nos griefs. Nous l'avons fait une fois, et les membres du Gouvernement et des Assemblées ont encore à l'esprit les luttes récentes soutenues par Rouen contre les projets d'utilité publique dont le Havre est appelé à profiter : « Mais, disent nos adversaires, cette rivalité ne sera pas éteinte par la création du nouveau département, *bien au contraire* » (sic).

Nous le savons et nous remercions nos adversaires de leur franchise à cet égard ; mais cette rivalité n'aura plus pour le Havre les conséquences désastreuses qu'elle comporte aujourd'hui.

Le morcellement du département mettra fin à la confusion qui résulte de ce fait : que les sénateurs et députés de Rouen, revendiquant leur qualité de représentants du département de la Seine-Inférieure, mettent toute leur autorité au service de nos adversaires et combattent constamment les projets d'une fraction notable des populations au nom desquelles ils prétendent parler.

On ne verra plus le Préfet, forcé par la situation qui lui est faite au chef-lieu et par les patronages auxquels souvent il doit son poste, prendre parti dans les luttes d'intérêts qui divisent Rouen et le Havre, et donner à nos rivaux la prépondérance de son influence administrative.

Le Havre demande de pouvoir exposer directement au Gouvernement et au Pays les questions qui intéressent journellement son développement, intimement lié à la prospérité nationale ; il veut pouvoir compter sur l'impartialité du représentant du gouvernement ; il répudie, en un mot, les avocats rouennais, qui prétendent plaider au nom du département de la Seine-Inférieure tout entier, alors qu'ils plaident seulement au nom d'une fraction de ce département.

Nous ne voulons d'autres preuves de cette situation que le Mémoire, dont nous nous occupons, qui est signé par deux sénateurs dont l'un, sénateur inamovible, est le président du Comité rouennais.

Vous jugez immédiatement, Messieurs, quelle influence il exerce sur le Préfet, et avec quelle autorité il agit dans le département pour obtenir l'adhésion aux protestations qu'on prétend vous soumettre.

Cependant, nous ne pensons pas que l'Assemblée nationale lui ait confié le haut mandat dont il se réclame, et dont il se sert vis-à-vis des autorités communales, pour prendre parti dans la question qui divise actuellement le département de la Seine-Inférieure.

Ainsi que nous l'avons dit, nous n'attaquons pas la personnalité des Préfets qui se sont succédé à la tête du département de la Seine-Inférieure ; nous tenons seulement à faire sentir combien est fausse la situation de ces fonctionnaires, et combien il leur est impossible de soutenir les demandes du Havre en raison de la rivalité des deux grandes villes qu'ils ont à administrer.

C'est surtout en matière de travaux publics que le premier port français sur l'Océan et la Manche subit les effets déplorables de la subordination du Préfet aux prétentions du chef-lieu de son département.

Ainsi, lorsqu'il s'est agi du canal de Tancarville, œuvre d'utilité générale dont le Havre est appelé à profiter ; lorsque Rouen demande le prolongement des digues de la Seine, qui, de l'avis de tous les hommes compétents, comblera les passes du port du Havre ; dans les questions de chemins de fer ; dans le projet de construction d'un pont sur la Seine, entre Port-Jérôme et Quillebeuf, qui mettra tout l'Ouest et le Sud-Ouest de la France en communication directe et immédiate avec notre entrepôt, jamais le Préfet de la Seine-Inférieure n'a pu, jamais il ne pourra s'affranchir des influences qui l'entourent et, en conséquence, jamais le Havre n'a pu, jamais il ne pourra compter ni sur son appui, ni, souvent même, sur sa neutralité.

Enfin, personne n'ignore qu'au point de vue économique, le département de la Seine-Inférieure, tel qu'il est constitué aujourd'hui, comporte les opinions les plus opposées. Les tendances de Rouen sont protectionnistes absolues, celles du Havre sont sagement libérales.

Le Préfet ne peut que s'inspirer des théories qui ont cours dans son entourage, dans le sein de la Chambre de commerce dont il est le président d'honneur, et lorsqu'il est consulté par le Gouvernement, ce sont ses opinions qu'il expose comme étant celles des populations qu'il a mission d'administrer. En bonne conscience, on ne saurait exiger de lui qu'il pense à la fois noir avec Rouen et blanc avec le Havre.

Un semblable état de choses ne peut véritablement pas durer, et le gouvernement a pour devoir de le faire cesser au plus tôt.

C'est ce que demande le Havre.

Le Comité rouennais reconnaît que déjà, en raison de l'importance du Havre, le Gouvernement a placé dans cette ville un Ingénieur en chef des Ponts et chaussées, une Direction des Douanes, un Commissaire général de la Marine, et prétend que ce sont là les seules satisfactions nécessaires à un établissement maritime aussi important que le nôtre.

Et les contributions indirectes ? N'est-il pas juste d'établir une direction au Havre dont l'arrondissement produit 17 millions, tandis que l'arrondissement de Rouen ne donne en recettes que 7 millions.

Et les postes et télégraphes ? qui produisent au Havre 1,800,000 francs, alors qu'ils ne donnent à Rouen que 1,100,000 francs (1878).

Ainsi, on veut bien admettre qu'il faut au Havre des directions pour la plupart des services publics, et on laisse de côté le plus important de tous : l'*administration gouvernementale*.

Le Préfet n'est-il pas le représentant naturel de tous les ministres ?

Le Conseil de préfecture n'est-il pas appelé à prononcer sur toutes les questions qui naissent chaque jour dans un centre aussi important que le nôtre, notamment dans celles de la grande voirie qui comporte la police de 176,700 mètres superficiels de terre-pleins des quais ? Et peut-on soutenir qu'il n'est pas utile de faire résoudre immédiatement et sur place les nombreuses et importantes affaires qui rentrent dans ses attributions ?

Il est inutile d'insister sur l'heureux effet qui résultera de la création du service préfectoral dans le second grand port de France, celui où la plupart des nations étrangères ont établi les chefs de leur service consulaire. Les arguments de nos adversaires ne résistent pas à l'examen.

Le Mémoire du Comité rouennais passe en revue tous les sacrifices que le Conseil général de la Seine-Inférieure a faits pour le Havre et, après cette énumération fantaisiste, il trouve que nos griefs non-seulement ne sont pas fondés, mais sont d'une « *révoltante injustice.* »

Comme nous l'avons dit plus haut, nous croyons n'avoir pas besoin de revenir sur la rivalité de Rouen et du Havre, les législateurs la connaissent suffisamment, et sans vouloir attacher plus d'importance qu'il ne convient aux allégations de nos adversaires, nous devons faire observer que, faisant partie d'un département au budget duquel nous fournissons 28 °/₀, il est bien juste que ce budget subventionne quelques-uns des travaux que nous réclamons.

Dans les chiffres qu'on vous met sous les yeux à propos du canal de Tancarville et des nouveaux bassins du Havre et de Fécamp, on semble oublier, Messieurs, qu'en face des trois millions que le Conseil général a votés pour les travaux du Havre et de Fécamp, ces deux ports fournissent eux-mêmes un contingent de 9 millions 450,000 francs, tandis que sur 4,200,000 francs de subventions départementales accordées à Rouen et aux autres ports de la Seine-Inférieure, la participation des intéressés n'a été que de 3,300,000 fr.

C'est-à-dire que l'arrondissement du Havre contribue aux travaux qui vont être exécutés dans une proportion de 315 °/₀, comparativement aux subventions départementales, alors que le reste du département, y compris Rouen, n'y participe que dans une proportion de 78 °/₀.

Dans ces conditions et en présence de la grandeur du but poursuivi dans l'intérêt national, est-on fondé à reprocher à l'arrondissement du Havre les subventions qu'il recevra ?

Du reste, rien n'est encore payé, sur ces subventions, et puisque l'on paraît prétendre que cela va constituer une charge pour le département dont nous faisons encore partie, nous nous demandons pourquoi on fait une telle opposition à notre projet.

Nous ne dirons qu'un mot du Palais de Justice construit au Havre, dont on fait grand bruit. Le Conseil général de la Seine-Inférieure s'est décidé à le voter quand, après soixante-huit ans de jouissance gratuite d'un immeuble fourni par la Ville, celle-ci a enfin réclamé un loyer qui, de tout temps, devait être à la charge du département.

Mais ce sont là de mesquines questions qui n'ont aucune autorité dans le projet que nous soutenons, et nous ne nous attarderons pas à les discuter.

Le Mémoire rouennais termine enfin en dénonçant la pauvreté du nouveau département et la mauvaise situation qui sera faite à ses communes par ce qu'il appelle l'*ambitieuse activité du Havre*.

Le centime du nouveau département atteindra 35,000 francs et le classera dans les 28 premiers départements de France. Sa superficie limitée lui imposant des dépenses relativement légères, nos concitoyens des communes n'ont aucune crainte à avoir au sujet de l'excédant de charges qu'on prétend devoir résulter de la mesure que nous réclamons, bien au contraire.

Quant à l'*ambitieuse activité* du Havre, elle ne s'est jamais manifestée que par l'importance des participations que notre ville a toujours données aux projets du Gouvernement. Rouen peut nous les reprocher ; mais nous avons pour nous l'opinion publique, qui nous est reconnaissante des sacrifices considérables que nous avons faits et que nous voulons faire encore, afin de mettre notre établissement maritime à la hauteur des besoins du commerce, de l'industrie et de la marine du Pays.

Vous le voyez, Messieurs, le Mémoire que nous avons suivi pas à pas ne discute pas nos affirmations en ce qui concerne la solidarité complète qui existe entre les intérêts du Havre et les intérêts généraux.

Cette solidarité s'affirme par la sympathique émotion qu'a provoquée le projet que nous vous avons soumis.

Il ne s'agit pas de déposséder Rouen. Nous sommes trop pénétrés de nos devoirs lorsque nous nous adressons au Gouvernement et aux représentants du Pays, pour ne pas reconnaître devant eux l'importance industrielle du chef-lieu de la Seine-Inférieure.

Mais nous affirmons également que la situation géographique du Havre lui assigne un rôle prépondérant dans les destinées commerciales et maritimes de la France.

Les ports de commerce constituent pour les nations des outils aussi indispensables que les voies ferrées et les canaux, dont ils sont les têtes de ligne. Ce sont eux qui approvisionnent l'industrie des matières premières qui lui sont nécessaires; ce sont eux qui attirent les nombreux steamers qui emportent vers tous les points du monde les produits manufacturés.

Aussi nous voyons avec quelle ardeur les nations européennes développent leurs ports, et la France ne reste point étrangère à ce mouvement universel.

Vous avez récemment voté, Messieurs, des crédits considérables pour donner aux ports français l'importance que comporte l'intérêt national.

Le Havre est le second port de France; c'est le port de Paris; il constitue l'entrepôt où vient s'approvisionner l'industrie de la région si active du Centre et du Nord.

Sa situation lui réserve un avenir considérable dont le Pays est appelé à profiter; mais, pour y parvenir, il réclame, non pas des subventions, non pas des faveurs spéciales, il réclame d'être affranchi de cette tutelle jalouse et injuste qui arrête son développement; il demande son autonomie administrative, qui lui permettra de lutter avec les ports étrangers ses rivaux.

Les entraves apportées par le chef-lieu de la Seine-Inférieure au développement du Havre, datent pour ainsi dire de la fondation de ce port, et maintes fois, sous l'ancien régime, le Gouvernement dut intervenir pour faire justice en faveur de la ville nouvelle.

Malgré le peu d'importance qu'avait alors celle-ci, la rivalité de Rouen était telle qu'on dut ériger le Havre en Gouvernement particulier, et cette mesure eut les plus heureux effets.

En 1789, lors de la création des départements, la population du Havre ne dépassait pas 12,000 habitants. Il était donc naturel de laisser cette ville dans la Seine-Inférieure, d'autant qu'on pouvait penser que la vieille hostilité allait enfin cesser sous le régime nouveau. Il n'en a rien été, et depuis quarante ans la demande que nous formulons est à l'ordre du jour.

Les faits qui se sont produits pendant ces dernières années ont amené notre population à la reprendre avec plus d'ardeur que jamais, et surtout avec la résolution de la faire aboutir devant les législateurs.

Dans sa séance du 2 Février 1881, le Conseil municipal du Havre, à l'unanimité, a pris la délibération suivante :

« Le Conseil municipal du Havre, nouvellement
« élu, interprète des sentiments de la population tout
« entière, inaugure ses travaux par un nouvel appel
« aux pouvoirs publics en faveur de la création du
« département de la Seine-Maritime,

« Et considérant :

« Qu'au moment où une nouvelle loi va permettre « à notre Marine marchande de reprendre la grande « place qu'elle a occupée dans le passé, il est plus que « jamais indispensable que le port du Havre soit mis « en situation de reconquérir son ancien rang ;

« Que les grands ports étrangers concurrents « jouissent tous de leur autonomie administrative, et « que c'est là une des principales causes qui leur a « permis de se développer à notre détriment ;

« Que les sacrifices que fait l'Etat, soit pour amé- « liorer les ports, soit pour venir en aide à la *Marine* « *marchande*, ne peuvent contribuer à l'accroisse- « ment de la richesse nationale que si la lutte avec « l'étranger se fait à armes égales ;

« Que la subordination du port du Havre au chef- « lieu du département de la Seine-Inférieure a eu dans « le passé et aura dans l'avenir, si la situation actuelle « doit durer, pour désastreuse conséquence d'amoin- « drir son importance et de le laisser dans des condi- « tions d'infériorité pour soutenir la concurrence des « ports étrangers ;

« Considérant enfin que le maintien de l'état de « choses existant aurait pour résultat de laisser en « souffrance les intérêts généraux du pays, liés inti- « mement avec la prospérité du port et de la ville du « Havre,

« Le Conseil municipal, à l'unanimité, rappelant « d'ailleurs ses précédentes délibérations, et notam-

« ment celles des 15 Septembre 1870, 30 Avril et « 26 Novembre 1879, cette dernière approuvant le « Mémoire adressé aux pouvoirs publics,

« Demande avec de nouvelles instances que le « Gouvernement de la République saisisse immédia- « tement les Chambres d'un projet de loi divisant la « Seine-Inférieure en deux départements, et dont le « Havre serait un des chefs-lieux. »

Dans sa séance du 1er Février 1881, la Chambre de commerce du Havre a, de son côté, voté à l'unanimité, la déclaration suivante :

« Vu ses délibérations en date des 2 Mai 1879, « 28 Novembre même année et 25 Octobre 1880, rela- « tives au projet de création du département de la « Seine-Maritime ;

« Considérant que depuis la présentation du Mé- « moire adressé aux pouvoirs publics par le Conseil « municipal et la Chambre de commerce du Havre, à « l'effet d'obtenir la création du département de la « Seine-Maritime, avec le Havre comme chef-lieu, « les adversaires du projet n'ont soulevé, dans les do- « cuments qu'ils ont publiés, aucune objection d'ordre « d'intérêt général ;

« Considérant que la sympathie qu'a rencontrée « dans l'opinion publique la demande du Havre, et « l'unanimité avec laquelle le commerce et l'in- « dustrie de Paris, représentés par leurs Chambres

« syndicales, l'ont appuyée, indiquent clairement que « la création du département de la Seine-Maritime « constitue une mesure d'intérêt vraiment natio- « nal ;

« Considérant que l'antagonisme qui, de tous « temps, a existé entre Rouen et le Havre, encore « accru par les instances du Havre pour obtenir « sa séparation du département de la Seine-Inférieure, « a pris un caractère de gravité qui constitue pour « notre port une situation intolérable ;

« Considérant qu'il importe de plus en plus à « l'avenir économique du pays, au développement de « ses relations maritimes et commerciales, que le « Havre, le second port français, le premier sur « l'Océan et la Manche, soit soustrait à cet antago- « nisme et affranchi de la prépondérance adminis- « trative de Rouen ;

« Considérant que cette prépondérance adminis- « trative place le Havre dans une position d'infériorité « et de dépendance qui neutralise en partie les résul- « tats des sacrifices considérables qu'il s'impose pour « son amélioration, et que la nation est en droit d'at- « tendre des lois récentes ayant pour objet le déve- « loppement de nos entrepôts maritimes ;

« Considérant que l'autonomie administrative « dont jouissent les ports étrangers du Nord et du « Continent, constitue pour eux une supériorité évi- « dente sur le port du Havre, dans la lutte que celui- « ci doit soutenir au profit des intérêts français ;

« Considérant qu'il est indiscutable que les populations de l'arrondissement du Havre n'auront à supporter aucune charge nouvelle par la création du nouveau département ; qu'au contraire, elles y trouveront des avantages considérables résultant d'une meilleure répartition de leur contingent dans les dépenses publiques et des facilités incontestables au point de vue de la solution des questions administratives ;

« La Chambre de commerce du Havre, dont les pouvoirs viennent d'être en partie renouvelés par le scrutin,

« Rappelant ses précédentes délibérations susvisées,

« Renouvelle ses vœux en faveur de la création du département de la Seine-Maritime et décide qu'elle continuera à poursuivre avec persistance et énergie la réalisation de ce projet jusqu'à solution satisfaisante ;

« La Chambre charge, en outre, son Bureau de transmettre la présente délibération au Gouvernement et donne mission à sa délégation, composée de son Président M. Frédéric Mallet, son Vice-Président M. Jules Heuzey, et d'un de ses Membres, M. Félix Faure, de l'appuyer par toutes les démarches qu'elle jugera utiles. »

Enfin, l'honorable M. Peulevey, député, prenant en mains la cause des intérêts du commerce, de l'industrie et de la marine de la France, a déposé le projet de loi tendant à la création du département de la Seine-Maritime, projet qui a été renvoyé à l'examen de la Commission d'initiative parlementaire.

Nous avons dit plus haut avec quelle unanimité le commerce et l'industrie de Paris ont délibéré en faveur de cette solution ; nous avons rappelé la sympathie avec laquelle le projet a été accueilli par toute la presse parisienne ; nous avons montré quels avantages résulteront de la mesure que nous sollicitons, et combien il serait contraire aux intérêts généraux de laisser se prolonger, dans les conditions actuelles, la rivalité qui existe entre les deux grandes villes de la Seine-Inférieure. Les membres du Gouvernement nous ont promis d'apporter leur plus sérieuse attention pour y mettre un terme et permettre au Havre de se développer sans entrave. Il a été question de diverses mesures, tout à fait extraordinaires, de nature à améliorer la situation anormale et souverainement préjudiciable qui existe pour le Havre.

Dans cet ordre d'idées :

1° Le traitement du Sous-Préfet de notre arrondissement aurait été exceptionnel comme sa situation.

2° Au moyen d'une délégation spéciale, le Sous-Préfet pourrait trancher immédiatement et sur place les questions qui naissent chaque jour dans un port aussi important que le nôtre ;

3° Un bureau spécial ne s'occupant que des affaires du Havre serait créé à la Préfecture et constituerait une petite Préfecture dans la Préfecture de la Seine-Inférieure.

Par les raisons suivantes nous avons pensé qu'il n'y avait pas lieu de s'arrêter à cette combinaison.

Sur le premier point. — L'élévation du traitement du Sous-Préfet ne changera pas les attributions de ce fonctionnaire ; il n'en sera pas moins le surbordonné du Préfet de Rouen, entouré, comme nous l'avons dit, par les plus vives oppositions au développement du grand port de la Manche ; il n'en aura pas plus d'initiative, ou s'il voulait l'avoir, il ne manquerait pas de soulever les susceptibilités de son chef immédiat.

Sur le deuxième point. — Les principales affaires qui ont besoin d'être résolues immédiatement sur place dans un port comme le nôtre, qui naissent sur les 176,700 mètres superficiels de nos quais, sont des affaires de police, de grande voirie, et devront être, à ce titre, portées devant le Conseil de Préfecture, agissant alors comme Tribunal administratif. Or, il nous paraît impossible de le remplacer par une délégation.

Sur le troisième point. — Les départements sont administrés par services et non par région. Un bureau spécial s'occupant seulement des affaires du Havre serait un bureau de contrôle vis-à-vis des divers services de la Préfecture de la Seine-Inférieure et rencontrerait immédiatement l'hostilité la plus vive ; de sorte que, loin d'être modifiée dans un sens favorable à nos intérêts, la situation nouvelle et extraordinaire qu'on nous créerait ferait naître chaque jour de nouvelles complications.

Mais, tout en déclinant les ouvertures qui nous ont été faites, nous devons les retenir comme une preuve évidente de la nécessité de changer profondément l'état actuel des choses.

Nos adversaires prétendent que le morcellement de la Seine-Inférieure empêchera d'accomplir, sur les différents points du département, les travaux les plus considérables et les plus utiles, l'aide réciproque qu'on se prête profitant à tout le monde. Nous avons prouvé que cet aide est plus que chimérique en ce qui concerne le Havre. De plus, la Seine-Inférieure, telle qu'elle subsistera après le morcellement, sera toujours un des départements les plus importants de France ; son centime atteindra près de 90,000 francs avec une population de 600,000 habitants, et les sacrifices, que de tout temps le Havre s'est imposés et dont nous avons rappelé quelques-uns, suffisent pour indiquer que le Gouvernement trouvera dans la Seine-Maritime les participations suffisantes pour tous les travaux d'intérêt général.

On nous a dit encore que la grande difficulté pour la création du département de la Seine-Maritime était la possibilité de semblables demandes provenant d'autres Sous-Préfectures.

Jusqu'à présent, le fait ne s'est pas produit, et il ne se produira pas, parce qu'on ne saurait trouver, sur tout le territoire de la République, deux villes aussi importantes que Rouen et le Havre, dans un constant état de rivalité d'intérêts, rivalité ayant pour résultat de nuire à la grandeur du principal entrepôt français ; qu'on examine avec quelle unanimité agissent les sénateurs et les députés des grands départements, autres que la Seine-Inférieure, dans toutes les questions intéressant une partie quelconque des populations qu'ils représentent ; qu'on songe au contingent de l'arrondissement du Havre dans les produits du Trésor public (près de 80 millions de francs) ; qu'on retienne enfin la situation tout exceptionnelle qu'on a dû créer au Havre pour divers services, l'autorité considérable dont cette ville jouit à l'étranger comparativement à Rouen, et on reconnaîtra vite que la demande du Havre ne créera pas un précédent que d'autres Sous-Préfectures pourraient invoquer.

Telles sont, Messieurs, les observations que nous avons cru devoir vous soumettre, et nous avons la conviction que vous ne vous laisserez pas arrêter dans vos délibérations par des protestations mal fondées, qui ne se produisent qu'au nom d'intérêts privés et locaux.

L'intérêt général, le seul dont vous tenez compte dans vos patriotiques résolutions, comporte la création du département de la Seine-Maritime, et nous vous savons trop soucieux de l'avenir économique et de la prospérité de notre France, pour douter un instant de l'appui que vous accorderez au projet dont vous allez être saisis.

C'est avec cette confiance que nous attendons votre décision, et nous vous prions d'agréer, Messieurs, l'assurance de notre considération la plus distinguée et de notre profond respect.

Félix FAURE.

4 Mars 1881.

P.-S. — Au moment où notre travail est sous presse, nous venons d'avoir connaissance d'un nouveau Mémoire édité par la *Ligue contre le morcellement de la Seine-Inférieure*. Nous allons réfuter encore une fois toutes les inexactitudes dont il fourmille.

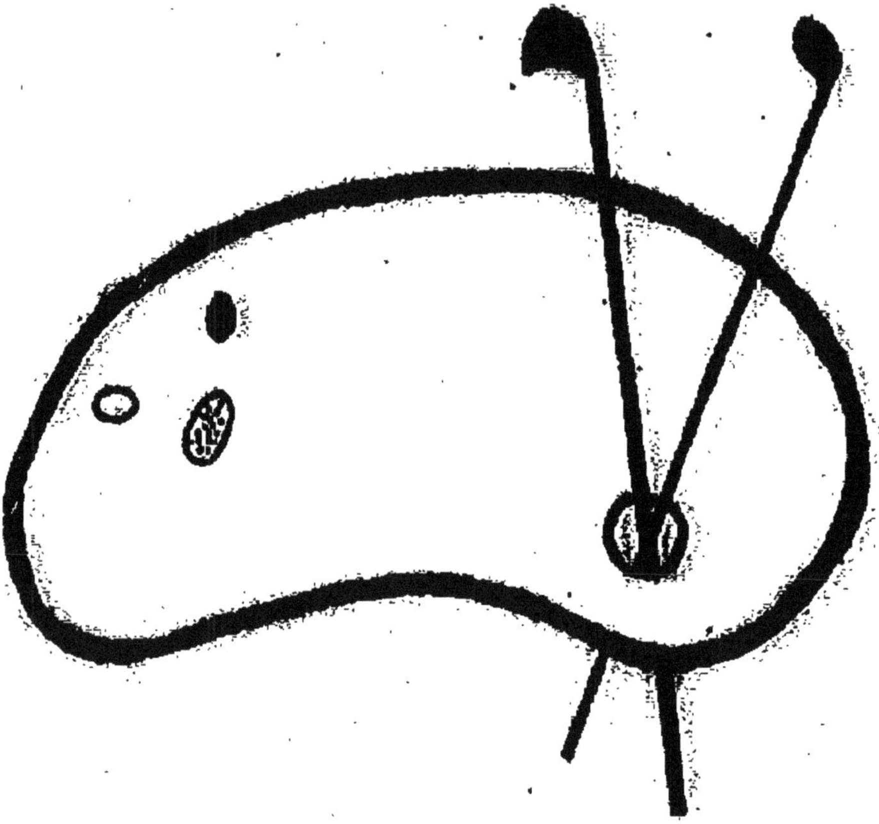

www.ingramcontent.com/pod-product-compliance
Ingram Content Group UK Ltd.
Pitfield, Milton Keynes, MK11 3LW, UK
UKHW032017260826
14628UKWH00006B/2548

9 782013 283007